Bibliografische Information der Deutschen Nationalbibliothek:

Die Deutsche Bibliothek verzeichnet diese Publikation in der Deutschen National-
bibliografie; detaillierte bibliografische Daten sind im Internet über http://dnb.d-
nb.de/ abrufbar.

Impressum:

Copyright © 2012 GRIN Verlag
Druck und Bindung: Books on Demand GmbH, Norderstedt Germany
ISBN: 9783656160977

Ernst Probst

Grethe Weiser - Die volkstümliche Schauspielerin

GRIN Verlag

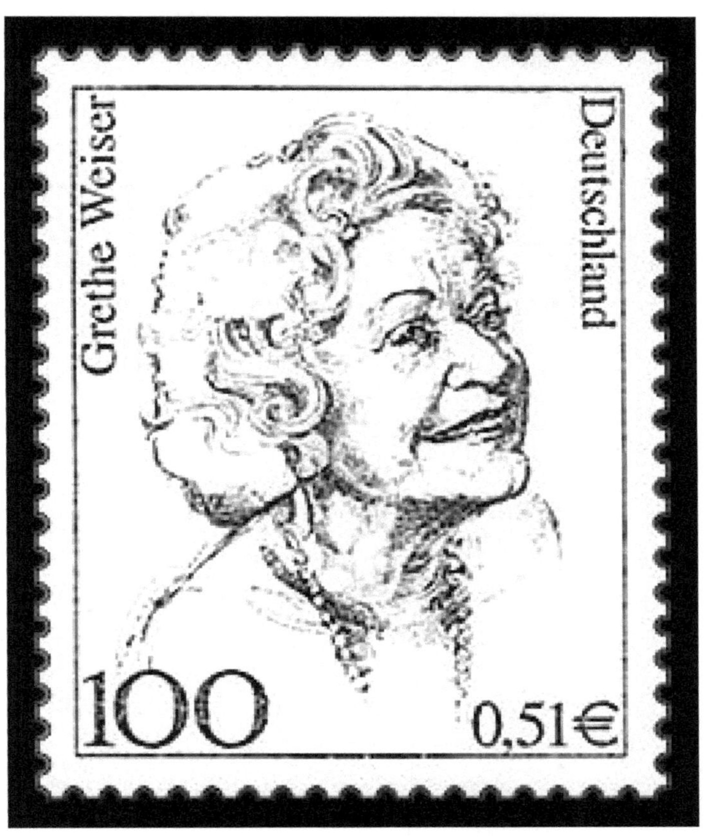

*Briefmarke der Bundespost: „Grethe Weiser",
Erstausgabe: 9. November 2000,
Entwurf: Prof. Gerd Aretz, Oliver Aretz*

Ernst Probst

Grethe Weiser

Die volkstümliche Schauspielerin

Grethe Weiser

Die volkstümliche Schauspielerin

Eine der erfolgreichsten volkstümlichen deutschen Schauspielerinnen war Grethe Weiser (1903–1970), geborene Mathilde Ella Dorothea Margarethe Nowka. Man sah sie in insgesamt mehr als 100 Filmen. Zwar erhielt sie selten große Rollen, aber sie verblüffte immer wieder durch ihre Schlagfertigkeit und erfreute die Kinogänger mit ihrem warmherzigen Humor.
Mathilde Ella Dorothea Margarethe Nowka kam am 27. Februar 1903 als Tochter des Hochbau-Unternehmers Gottlieb Ernst Ludwig Nowka und seiner Ehefrau Ella, geborene Schirnke, in Hannover zur Welt. Ihre Kindheit verbrachte sie in Klotzsche und in der nahen Großstadt Dresden. Sie und ihr Bruder Ernst wurden streng und spartanisch erzogen. Margarethe besuchte die „Höhere Töchterschule" in Neustadt und die „Friedelsche Privatschule" in Dresden-Blasewitz.
Am 28. Juli 1921 heiratete die 18-jährige Margarethe Nowka den jüdischen Wiener Süßwarenfabrikanten und -Großhändler Josef Weiser (1900–1968). Ihre Eltern waren zunächst gegen diese Ehe, willigten aber nach einem Hungerstreik ihrer Tochter doch ein. Das Ehepaar lebte zunächst in Dresden, wo 1922 der Sohn Rolf-Günther geboren wurde.

Danach zog die junge Familie Weiser nach Berlin. In der Spree-Metropole pachtete Josef Weiser das Kabarett-Theater „Charlott" am Kurfürstendamm, in dem seine Frau erstmals als Diseuse (Vortragskünstlerin) auftrat. Bald danach scheiterte die Ehe wegen der Seitensprünge von Josef Weiser und das Paar trennte sich. Die Scheidung erfolgte aber erst 1934.

Grethe Weiser war nun auf sich allein gestellt und alleinerziehende Mutter. Sie nahm Gesangs- und Schauspielunterricht und spielte von 1928 bis 1930 an der „Berliner Volksbühne". Die Schilderungen über ihre künstlerischen Anfänge sind sehr widersprüchlich. Offenbar trat sie an verschiedenen Berliner Bühnen als Soubrette in Operetten, als Kabarettistin in Kabaretts und als Schauspielerin in Komödien auf. Im Berliner „Kabarett der Komiker" betrug ihre Anfangsgage nur zwei Mark pro Auftritt. Unter anderem gastierte sie am „Thalia-Theater" in Hamburg, am „Komödienhaus Dresden" und übernahm komische Rollen im „Theater am Kurfürstendamm" in Berlin.

Grethe Weiser war 1927 als ungenannte Nebendarstellerin im Stummfilm „Männer vor der Ehe" zu sehen. Regelmäßig vor der Filmkamera stand sie ab 1932. In der umfangreichen Liste ihrer Filme im Online-Lexikon „Wikipedia" werden für 1933 zwei Titel erwähnt, für 1934 zwei, für 1935 fünf und für 1936 schon neun.

Ab 1934 lebte Grethe Weiser mit dem Filmjuristen und -produzenten Dr. Hermann Schwerin (1902–1970) zusammen. Er blieb ihr bis zum Ende ihres Lebens treu.

Anfangs spielte Grethe Weiser im Film meistens Nebenrollen als Köchin, Hausmädchen oder Zofe wie in „Männer vor der Ehe" (1927), „Kasernenzauber" (1930), „Kind, ich freu mich auf Dein Kommen" (1933), „Mädchen für alles" (1937) oder Kammerdienerinnen wie in „Martha" (1936).

Erst in dem Film „Die göttliche Jette" (1937) von Erich Waschneck (1887–1970) erhielt Grethe Weiser ihre erste Hauptrolle: Nach dem Vorbild der Sängerin Henriette Sontag (1806–1854) stellte sie den Aufstieg der Berliner Vorstadtkomödiantin Jette Schönborn zum weltstädtischen Revue-Star dar. In dieser Rolle brillierte sie als junge Sängerin mit gesundem Selbstbewusstsein und Berliner Kodderschnauze.

1937 enthielt die Liste ihrer Filme fünf Titel, 1938 drei, 1939 elf, 1940 fünf, 1941 vier, 1942 vier, 1944 sechs und 1945 einen. Unter anderem glänzte sie in den Streifen „Familie Buchholz" (1944), „Neigungsehe" (1944) und „Die Frau meiner Träume" (1944).

Während des „Dritten Reiches" (1922–1945) widersetzte sich Grethe Weiser erfolgreich dem an sie herangetragenen Ansinnen, sie solle dem Vorstand der Reichstheaterkammer und damit der „Nationalsozialistischen Deutschen Arbeiterpartei" („NSDAP" beitreten. Im Zweiten Weltkrieg (1939–1945) verpflichtete man sie zum Fronttheater.

Nach dem Ende des Zweiten Weltkrieges lebte Grethe Weiser in Wernigerode und tingelte durch das Land. 1947 trat sie in Hamburg an der „Jungen Bühne" auf und ab 1949 an den „Hamburger Kammerspielen", wo sie am 15. Mai 1949 erstmals in ihrer Paraderolle als Mary Miller in „Das Kuckucksei" brillierte.

Auch im Nachkriegsfilm präsentierte sich Grethe Weiser als legendäres „Herz mit Schnauze". Sie mimte resolute Witwen, ältere Tanten voller Angriffslust und Mutterwitz oder gefürchtete Schwiegermütter. Die umfangreiche Liste ihrer Filme reicht von „Morgen ist alles besser" (1948) bis „Die Nacht ohne Sünde" (1950).

Im Radio konnte man Grethe Weiser nicht oft hören. Zu ihren wenigen Auftritten im Rundfunk gehörte die Komödie „Du kannst mir viel erzählen" mit Heinz Rühmann (1902–1994) und Elfriede Kuzmany (1915–2006) von 1949.

Unter der Regie ihrer Freundin Ida Ehre (1900–1989) in Hamburg spielte Grethe Weiser erstmals auf der Bühne die Rolle der Mary Miller in der Komödie „Das Kuckucksei" von Irma und Walter Firner (1905–2002). Dies wurde zu ihrer Paraderolle. Sie spielte sie alle zehn Jahre und nannte sie deswegen scherzhaft „meine Oberammergauer Passionsspiele".

Anlässlich ihres 25-jährigen Bühnenjubiläums mimte Grethe Weiser im November 1953 an den „Hamburger Kammerspielen" die Mutter Wolfen in der Gaunerkomödie „Biberpelz" von Gerhart Hauptmann (1862–

1946). Im Frühjahr 1954 siedelte sie nach Berlin über. Erst am 21. März 1958 haben Grethe Weiser und ihr langjähriger Lebensgefährte Dr. Hermann Schwerin geheiratet. Zu diesem Zeitpunkt waren sie bereits 24 Jahre zusammen.

Während der 1960-er Jahre trat Grethe Weiser vor allem an Theatern in Berlin und München auf. Einen Ausflug ins ernste Charakterfach wagte sie 1966 in der Erstaufführung des Stücks „Der Meteor" von Friedrich Dürenmatt (1921–1990) am „Thalia Theater" in Hamburg. Darin spielte sie die Rolle als sterbende Toilettenfrau Nomsen und schlug ungewohnt leise, ernste und böse Töne an.

1968 feierte Grethe Weiser ihren 65. Geburtstag und ihr 40-jähriges Bühnenjubiläum. Zum 65. Geburtstag erhielt sie von Fans zentnerweise Post und Blumen, vom Axel-Springer-Verlag pfundweise Rosen sowie Telegramme von Bundespräsident Heinrich Lübke (1894–1972) und den Politikern Willy Brandt (1913–1992) und Herbert Wehner (1906—1990). Ebenfalls 1968 verlieh man ihr das „Verdienstkreuz des Verdienstordens der Bundesrepublik Deutschland".

In den letzten Jahren ihres Lebens sah man Grethe Weiser häufiger im Fernsehen. Dort hatte sie in den Sendungen „Künstleragentur", „Die Lokomotive" (Mai 1969 im „Zweiten Deutschen Fernsehen", ZDF) und in „Kuckucksei", das sechs Tage vor ihrem Tod ausgestrahlt wurde, Paraderollen. Zu ihren Hobbys gehörten Antiquitäten, Hunde, Bücher, Blumen und Patience legen.

Viele Fans liebten den typischen Berliner Humor von Grethe Weiser, der auch in ihren originellen Zitaten zum Ausdruck kam. Aus ihrem Mund stammen unter anderem folgende Aussprüche: „Beim Klatsch kommt es nicht auf den Kern der Sache an, sondern auf Einzelheiten". „Für Männer gelten die Gesetze der Optik nicht. Wenn man sie unter die Lupe nimmt, werden sie plötzlich ganz klein". „Wie soll ich wissen, was ich denke, bevor ich höre, was ich sage ..."

Grethe Weiser kam am 2. Oktober 1970 im Alter von 67 Jahren durch einen Autounfall bei Bad Tölz (Bayern) ums Leben. Der von ihrem Ehemann gesteuerte und mit insgesamt vier Personen besetzte Personenwagen stieß frontal mit einem Lastwagen zusammen. Während der Fahrer des Pkw und zwei andere darin sitzende Frauen sofort den Tod fanden, wurde Grethe Weiser lebensgefährlich verletzt. Trotz einer noch im Sanitätsauto vorgenommenen Bluttransfusion konnten die Ärzte im Bad Tölzer Versorgungskrankenhaus nur noch den Tod der Schauspielerin feststellen.

Elf Tage später hätte Grethe Weiser zusammen mit anderen älteren Künstlern am 13. Oktober 1970 von Bundespräsident Gustav Heinemann in der Bonner „Villa Hammerschmidt" empfangen werden sollen. Im November 1970 sollte sie im Kölner „Theater am Dom" mit den Proben für das Stück „Waren Sie schon mal ein Pinguin?" beginnen. Stattdessen wurde der Liebling von Millionen unter großer Anteilnahme der Bevölkerung auf dem Friedhof Heerstraße in Berlin beigesetzt.

Die Schauspielerin Ida Ehre schrieb im Nachruf über ihre Freundin Grethe Weiser: „Du warst von einer Nibelungentreue; wen Du in Dein Herz geschlossen hattest, der war darin verankert ... In mir wirst du immer bleiben, meine Grethe ..." Deutschlands bedeutendster Theaterkritiker Friedrich Luft (1911–1990) sagte über Grethe im Nachruf: „Als sie durch einen dummen Autounfall nicht mehr da war, herrschte auf Märkten, Plätzen und in Kneipen Volkstrauer. Keiner, der sich der geliebten Radautüte, der sich dieser zärtlichen Kodderschnauze nicht dankbar erinnert hätte. Diese kleine Person hat kein Denkmal nötig. Das steht".

In Berlin-Westend erinnert heute der „Grethe-Weiser-Weg" an die einst in Berlin lebende Schauspielerin, Kabarettistin und Chansonsängerin. Ende Oktober 2010 brachte man am Haus Giesebrechtstraße 18 in Berlin-Charlottenburg, in dem Grethe von 1954 bis 1970 wohnte, eine Gedenktafel an. Ihr ehemaliges Wochenendhaus in Bernsdorf (Sachsen) diente als Waldgaststätte und Pension namens „Grethe-Weiser-Haus" und zeigte ab 2003 eine Ausstellung mit Exponaten aus dem Leben der Künstlerin und ihrer Familie.

*Gedenktafel am Haus Giesebrechtstraße 18
in Berlin-Charlottenburg,
in dem Grethe Weiser von 1954 bis 1970 wohnte*

Filme von Grethe Weiser

1927: Männer vor der Ehe
1930: Kasernenzauber
1933: Kind, ich freu mich auf Dein Kommen
1933: Gretel zieht das große Los
1934: Schützenkönig wird der Felix
1934: Einmal eine große Dame sein
1935: Frischer Wind aus Kanada
1935: Der Mann mit der Pranke
1935: Einer zuviel an Bord
1935: Lady Windermeres Fächer
1935: Anschlag auf Schweda
1935: Familie Schimek
1936: Martha
1936: Der Raub der Sabinerinnen
1936: Engel mit kleinen Fehlern
1936: Der verkannte Lebemann
1936: Eskapade
1936: Männer vor der Ehe
1936: Hilde und die 4 PS
1936: Fräulein Veronika / Alles für Veronika
1936: Geheimnis eines alten Hauses
1937: Menschen ohne Vaterland
1937: Die göttliche Jette
1937: Meine Freundin Barbara

1937: Mädchen für alles
1937: Gabriele eins, zwei, drei
1938: Unsere kleine Frau
1938: Frauen für Golden Hill
1938: Es leuchten die Sterne
1939: Liebe streng verboten
1939: Ehe in Dosen
1939: Irrtum des Herzens
1939: Verdacht auf Ursula
1939: Hochzeitsreise zu Dritt
1939: Eine Frau für Drei / Marguerite: 3
1939: Das Glück wohnt nebenan
1939: Die Geliebte
1939: Frau am Steuer
1939: Mein Mann darf es nicht wissen
1939: Rote Mühle
1940: Alles Schwindel
1940: Polterabend
1940: Der rettende Engel
1940: Wie konntest Du, Veronika!
1940: Links der Isar – rechts der Spree
1940: Zwischen Hamburg und Haiti
1941: Krach im Vorderhaus
1941: Oh, diese Männer
1941: Sonntagskinder
1941: Leichte Muse
1942: Die große Liebe
1942: Drei tolle Mädels

1942: Alles aus Liebe (Uraufführung 1950)
1942: Wir machen Musik
1942: Ein Walzer mit Dir
1944: Familie Buchholz
1944: Neigungsehe
1944: Der Meisterdetektiv
1944: Hundstage
1944: Die Frau meiner Träume
1944: Ich glaube an Dich (Uraufführung 1950)
1945: Das alte Lied
1948: Morgen ist alles besser
1949: Liebe 47
1949: Amico
1949: Tromba
1949: Nichts als Zufälle
1949: Die Freunde meiner Frau
1949: Artistenblut
1949: 1 x 1 der Ehe
1949: Die Reise nach Marrakesch
1950: Gabriela
1950: Wenn Männer schwindeln
1950: Die Nacht ohne Sünde
1950: Die Dritte von rechts
1951: Hilfe, ich bin unsichtbar
1951: Die verschleierte Maja
1951: Fanfaren der Liebe
1951: Durch dick und dünn
1951: Johannes und die 13 Schönheitsköniginnen

1951: Tanz ins Glück
1951: Gangsterpremiere
1952: Der Fürst von Pappenheim
1952: Der keusche Lebemann
1952: Der Obersteiger
1952: Ferien vom Ich
1952: Du bist die Rose vom Wörthersee
1952: Königin der Arena
1953: Der Onkel aus Amerika
1953: Die Rose von Stambul
1953: Hollandmädel
1953: Damenwahl
1953: Die Kaiserin von China
1953: Der Vetter aus Dingsda
1953: Hurra – ein Junge!
1954: Die tolle Lola
1954: Bei Dir war es immer so schön
1954: Die Stadt ist voller Geheimnisse
1954: Mädchen mit Zukunft
1954: Geld aus der Luft
1954: Die sieben Kleider der Katrin
1954: Viktoria und ihr Husar
1954: Keine Angst vor Schwiegermüttern
1955: Premiere im Metropol (TV)
1955: Vatertag
1955: Solang' es hübsche Mädchen gibt
1955: Der doppelte Ehemann
1955: Drei Tage Mittelarrest

1955: Mein Leopold / Ein Herz bleibt allein
1955: Meine Kinder und ich
1956: Ein Herz schlägt für Erika
1956: Ein Herz und eine Seele
1956: Ich und meine Schwiegersöhne
1956: Kirschen in Nachbars Garten
1956: Du bist Musik
1956: Süß ist die Liebe in Paris
1956: Der schräge Otto
1957: Die verpfuschte Hochzeitsnacht
1957: Tante Wanda aus Uganda
1957: Das haut hin
1957: Lemkes sel. Witwe
1957: Einmal eine große Dame sein
1957: Liebe, Jazz und Übermut
1957: Casino de Paris
1957: Der Kaiser und das Wäschermädel
1957: Die Beine von Dolores
1958: Zauber der Montur / Wenn Mädchen ins Manöver ziehen
1958: Scala – total verrückt
1959: Der Haustyrann
1959: So angelt man keinen Mann
1960: Freddy und die Melodie der Nacht
1960: Die junge Sünderin
1960: Wir wollen niemals auseinandergehn
1961: Ach Egon!
1961: Freddy und der Millionär

1962: Wenn die Musik spielt am Wörthersee
1962: Lieder klingen am Lago Maggiore
1963: Ferien vom Ich
1964: Liebesgrüße aus Tirol
1965: Die Chefin (TV)
1965: Jenny und der Herr im Frack (TV)
1966: Brille und Bombe – Bei uns liegen Sie richtig!
1967: Keine Leiche ohne Lily (TV)
1969: Die Lokomotive (TV)
1970: Die lieben Kinder (TV)
1970: Theatergarderobe (Fernsehserie)

Quelle: Wikipedia und Internet Movie Database

Zitate von Grethe Weiser

Beim Klatsch kommt es nicht auf den Kern der Sache an, sondern auf Einzelheiten.

Die meisten Männer, aus der Nähe betrachtet, sind große Jungs.

Die schwierigste Aufgabe für eine Frau ist, einem Mann immer wieder klarzumachen, das er ohne sie nicht leben kann.

Eine glückliche Ehe ist eine Angelegenheit von Geben und Nehmen. Er gibt nach und sie übernimmt.

Ein Ehemann ist Rohstoff, kein Fertigprodukt.

Ein Heiratsantrag ist das größte Kompliment, das ein Mann einer Frau machen kann. Leider ist es oft auch das letzte.

Ein starker Mensch ist, wer immer etwas mehr Mut als Verzweiflung hat.

Es gibt genügend charakterfeste Männer, die eine Frau nicht sitzen lassen – vor allem im Bus und in der Straßenbahn.

Für Männer gelten die Gesetze der Optik nicht. Wenn
man sie unte

Wer ein schlechtes Gedächtnis hat, erlebt viele Pre-
mieren.

Wie soll ich wissen, was ich denke, bevor ich höre, was
ich sage ...

Literatur

BORGELT, Hans: Grete Weiser. Herz mit Schnauze, München 1983
CINEGRAPH LEXIKON ZUM DEUTSCH-SPRA-CHIGEN FILM: Grete Weiser – Schauspielerin o. J.
FEMBIO Frauen-Biographie-Forschung
http://www.fembio.org
HEINZLMEIER, Adolf / SCHULZ, Bernd / WITTE, Karsten: Die Unsterblichen des Kinos, Band 2, Glanz und Mythos der Stars der 40er und 50er Jahre,
INTERNET MOVIE DATABASE
(Film-Datenbank)
http://www.imdb.com
PROBST, Ernst: Superfrauen 7 – Film und Theater, Mainz-Kostheim 2001
PUBLIKUMSLIEBLINGE NICHT NUR VON GESTERN http://www.steffi-line.de
WIKIPEDIA (Online-Lexikon)
http://wikipedia.org

Bildquellen

Klaus Benz, Fotograf, Mainz-Laubenheim: 26

Deutsche Post:
Entwurf des Postwertzeichens „Grethe Weiser", Erstausgabe: 9. November 2000: Prof. Gerd Aretz, Oliver Aretz: 1

OTFW, Berlin/CC-BY-SA3.0: 14 (via Wikimedia Commons), lizensiert unter CreativeCommons-Lizenz by-sa-3.0-de
http://creativecommons.org/licenses/by-sa/3.0/legalcode

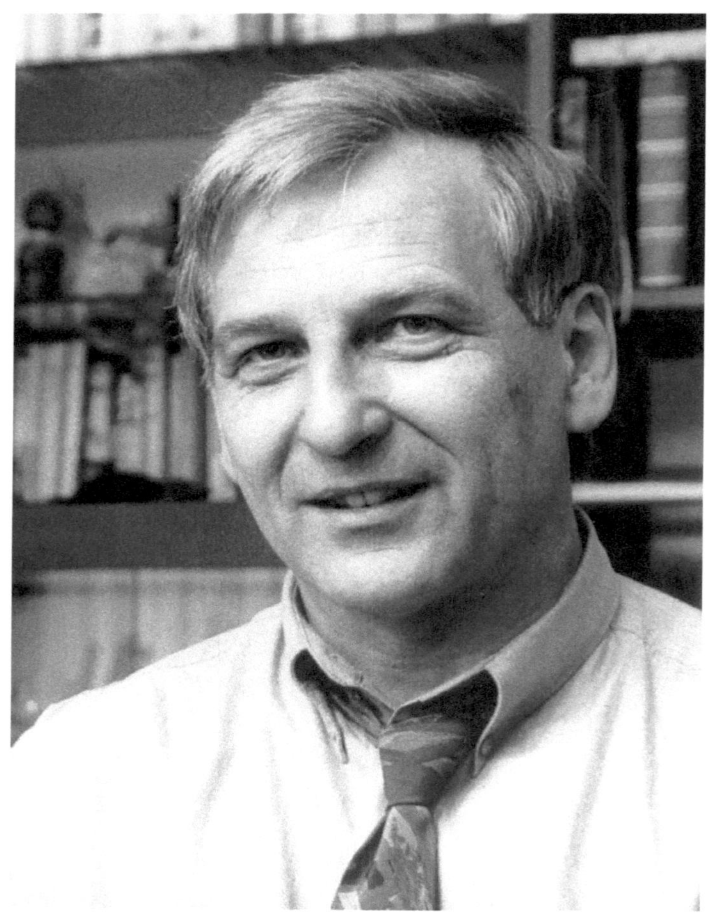

Autor Ernst Probst

Der Autor Ernst Probst

Ernst Probst, geboren am 20. Januar 1946 in Neunburg vorm Wald im bayerischen Regierungsbezirk Oberpfalz, ist Journalist und Wissenschaftsautor. Er arbeitete von 1968 bis 1971 als Redakteur bei den „Nürnberger Nachrichten", von 1971 bis 1973 in der Zentralredaktion des „Ring Nordbayerischer Tageszeitungen" in Bayreuth und von 1973 bis 2001 bei der „Allgemeinen Zeitung", Mainz. In seiner Freizeit schrieb er Artikel für die „Frankfurter Allgemeine Zeitung", „Süddeutsche Zeitung", „Die Welt", „Frankfurter Rundschau", „Neue Zürcher Zeitung", „Tages-Anzeiger", Zürich, „Salzburger Nachrichten", „Die Zeit", „Rheinischer Merkur", „Deutsches Allgemeines Sonntagsblatt", „bild der wissenschaft", „kosmos", „Deutsche Presse-Agentur" (dpa), „Associated Press" (AP) und den „Deutschen Forschungsdienst" (df). Aus seiner Feder stammen die Bücher „Deutschland in der Urzeit" (1986), „Deutschland in der Steinzeit" (1991), „Rekorde der Urzeit" (1992), „Dinosaurier in Deutschland" (1993 zusammen mit Raymund Windolf) und „Deutschland in der Bronzezeit" (1996). Von 2001 bis 2006 betätigte sich Ernst Probst als Buchverleger sowie zeitweise als internationaler Fossilienhändler und Antiquitätenhändler. Insgesamt veröffentlichte er rund 200 Bücher, Taschenbücher, Broschüren und E-Books.

Bücher von Ernst Probst

(Auswahl)

Als Mainz noch nicht am Rhein lag

Annie Oakley
Die Meisterschützin des Wilden Westens

Archaeopteryx. Der Urvogel
aus Bayern

Christl-Marie Schultes. Die erste Fliegerin in Bayern
(zusammen mit Theo Lederer)

Cortés und Malinche. Der spanische Eroberer
und seine indianische Geliebte

Der Europäische Jaguar

Der Mosbacher Löwe
Die riesige Raubkatze aus Wiesbaden

Der Rhein-Elefant
Das Schreckenstier von Eppelsheim

Die nordische Bronzezeit in Deutschland

Die Hügelgräber-Kultur in Deutschland

Die ältere Bronzezeit in Nordrhein-Westfalen

Die Bronzezeit in der Lüneburger Heide

Die Stader Gruppe

Die Oldenburg-emsländische Gruppe

Die Urnenfelder-Kultur in Deutschland

Die ältere Niederrheinische Grabhügel-Kultur

Die Unstrut-Gruppe

Die Helmsdorfer Gruppe

Die Saalemündungs-Gruppe

Die Lausitzer Kultur in Deutschland

Die Dolchzahnkatze Megantereon

Die Dolchzahnkatze Smilodon

Die Säbelzahnkatze Homotherium

Die Säbelzahnkatze Machairodus

Die Schweiz in der Frühbronzezeit

Die Rhône-Kultur in der Westschweiz

Die Arbon-Kultur in der Schweiz

Die Schweiz in der Mittelbronzezeit

Die Schweiz in der Spätbronzezeit

Dinosaurier von A bis K. Von Abelisaurus
bis zu Kritosaurus

Dinosaurier von L bis Z. Von Labocania
bis zu Zupaysaurus

Eiszeitliche Geparde in Deutschland

Eiszeitliche Leoparden in Deutschland

Frauen im Weltall

Hildegard von Bingen. Die deutsche Prophetin

Höhlenlöwen. Raubkatzen
im Eiszeitalter

Julchen Blasius
Die Räuberbraut des Schinderhannes

Katharina II. die Große.
Die Deutsche auf dem Zarenthron

Johann Jakob Kaup
Der große Naturforscher aus Darmstadt

Königinnen der Lüfte in Deutschland

Königinnen der Lüfte in Europa

Königinnen der Lüfte in Amerika

Königinnen der Lüfte von A bis Z

Rund 70 Kurzbiografien berühmter Fliegerinnen,
Ballonfahrerinnen, Luftschifferinnen, Fallschirm-
springerinnen, Astronautinnen und Kosmonautinnen

Königinnen des Films

Königinnen des Tanzes

Königinnen des Theaters

Malende Superfrauen
Meine Worte sind wie die Sterne

Die Entstehung der Rede des Häuptlings Seattle
(zusammen mit Sonja Probst)

Monstern auf der Spur
Wie die Sagen über Drachen, Riesen
und Einhörner entstanden

Neues vom Ur-Rhein
Interview mit dem Geologen und Paläontologen
Dr. Jens Sommer

Österreich in der Frühbronzezeit

Österreich in der Mittelbronzezeit

Österreich in der Spätbronzezeit

Pompadour und Dubarry. Die Mätressen
von Louis XV.

Raub-Dinosaurier von A bis Z.
Mit Zeichnungen von Dmitry Bogdanav
und Nobu Tamura

Zenobia von Palmyra.
Eine Frau kämpft gegen die Römer

Bestellungen bei: http://www.grin.com

BEI GRIN MACHT SICH IHR WISSEN BEZAHLT

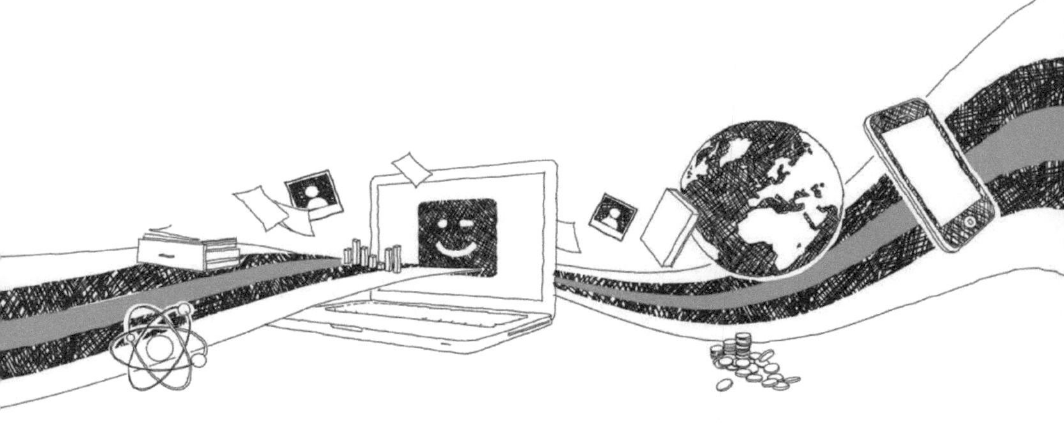

- Wir veröffentlichen Ihre Hausarbeit,
  Bachelor- und Masterarbeit

- Ihr eigenes eBook und Buch -
  weltweit in allen wichtigen Shops

- Verdienen Sie an jedem Verkauf

Jetzt bei www.GRIN.com hochladen und kostenlos publizieren

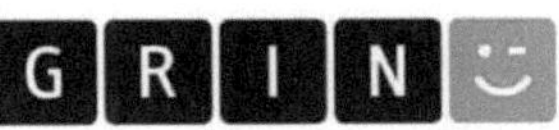